PREFACIO

La colección de guías de conversación para viajar "Todo irá bien" publicada por T&P Books está diseñada para personas que viajan al extranjero para turismo y negocios. Las guías contienen lo más importante - los elementos esenciales para una comunicación básica.Éste es un conjunto de frases imprescindibles para "sobrevivir" mientras está en el extranjero.

Esta guía de conversación le ayudará en la mayoría de los casos donde usted necesite pedir algo, conseguir direcciones, saber cuánto cuesta algo, etc. Puede también resolver situaciones difíciles de la comunicación donde los gestos no pueden ayudar.

Este libro contiene muchas frases que han sido agrupadas según los temas más relevantes.También encontrará un mini diccionario con palabras útiles - números, hora, calendario, colores…

Llévese la guía de conversación "Todo irá bien" en el camino y tendrá una insustituible compañera de viaje que le ayudará a salir de cualquier situación y le enseñará a no temer hablar con extranjeros.

TABLA DE CONTENIDOS

T&P Books Publishing

PRONUNCIACIÓN

T&P alfabeto fonético	Ejemplo checo	Ejemplo español
[a]	lavina [lavɪna]	radio
[aː]	banán [banaːn]	contraataque
[e]	beseda [bɛsɛda]	verano
[ɛː]	chléb [xlɛːp]	cuarenta
[ɪ]	Bible [bɪblɛ]	abismo
[iː]	chudý [xudiː]	destino
[o]	epocha [ɛpoxa]	bordado
[oː]	diagnóza [dɪagnoːza]	domicilio
[u]	dokument [dokumɛnt]	mundo
[uː]	chůva [xuːva]	jugador
[b]	babička [babɪt͡ʃka]	en barco
[t͡s]	celnice [t͡sɛlnɪt͡sɛ]	tsunami
[t͡ʃ]	vlčák [vlt͡ʃaːk]	mapache
[x]	archeologie [arxɛologɪe]	reloj
[d]	delfín [dɛlfiːn]	desierto
[dʲ]	Holanďan [holandʲan]	diente
[f]	atmosféra [atmosfɛːra]	golf
[g]	galaxie [galaksɪe]	jugada
[h]	knihovna [knɪhovna]	coger
[j]	jídlo [jiːdlo]	asiento
[k]	zaplakat [zaplakat]	charco
[l]	chlapec [xlapɛt͡s]	lira
[m]	modelář [modɛlaːrʃ]	nombre
[n]	imunita [ɪmunɪta]	número
[nʲ]	báseň [baːsɛnʲ]	leña
[ŋk]	vstupenka [vstupɛŋka]	banco
[p]	poločas [polot͡ʃas]	precio
[r]	senátor [sɛnaːtor]	era, alfombra
[r̠ʒ], [r̠ʃ]	bouřka [bour̠ʃka]	flash, inglés please
[s]	svoboda [svoboda]	salva
[ʃ]	šiška [ʃɪʃka]	shopping
[t]	turista [turɪsta]	torre
[tʲ]	poušť [pouʃtʲ]	bestia
[v]	veverka [vɛvɛrka]	travieso
[z]	zapomínat [zapomiːnat]	desde
[ʒ]	ložisko [loʒɪsko]	adyacente

5

LISTA DE ABREVIATURAS

Abreviatura en español

adj	-	adjetivo
adv	-	adverbio
anim.	-	animado
conj	-	conjunción
etc.	-	etcétera
f	-	sustantivo femenino
f pl	-	femenino plural
fam.	-	uso familiar
fem.	-	femenino
form.	-	uso formal
inanim.	-	inanimado
innum.	-	innumerable
m	-	sustantivo masculino
m pl	-	masculino plural
m, f	-	masculino, femenino
masc.	-	masculino
mat	-	matemáticas
mil.	-	militar
num.	-	numerable
p.ej.	-	por ejemplo
pl	-	plural
pron	-	pronombre
sg	-	singular
v aux	-	verbo auxiliar
vi	-	verbo intransitivo
vi, vt	-	verbo intransitivo, verbo transitivo
vr	-	verbo reflexivo
vt	-	verbo transitivo

Abreviatura en checo

ž	-	sustantivo femenino
ž mn	-	femenino plural
m	-	sustantivo masculino
m mn	-	masculino plural
m, ž	-	masculino, femenino

mn	-	plural
s	-	neutro
s mn	-	género neutro plural

T&P BOOKS

GUÍA DE CONVERSACIÓN CHECO

Esta sección contiene frases
importantes que pueden
resultar útiles en varias
situaciones de la vida real.
La Guía le ayudará a pedir
direcciones, aclaración
sobre precio, comprar billetes,
y pedir alimentos en un
restaurante

T&P Books Publishing

CONTENIDO DE LA GUÍA DE CONVERSACIÓN

T&P Books Publishing

Perdone, ...	**Promiňte, ...** [promɪnʲtɛ, ...]
Hola.	**Dobrý den.** [dobři: dɛn]
Gracias.	**Děkuji.** [dekujɪ]

Sí.	**Ano.** [ano]
No.	**Ne.** [nɛ]
No lo sé.	**Nevím.** [nɛvi:m]
¿Dónde? | ¿A dónde? | ¿Cuándo?	**Kde? | Kam? | Kdy?** [gdɛ? | kam? | gdɪ?]

Necesito ...	**Potřebuju ...** [potřʒɛbuju ...]
Quiero ...	**Chci ...** [xtsɪ ...]
¿Tiene ...?	**Máte ...?** [ma:tɛ ...?]
¿Hay ... por aquí?	**Je tady ...?** [jɛ tadɪ ...?]
¿Puedo ...?	**Můžu ...?** [mu:ʒu ...?]
..., por favor? (petición educada)	**..., prosím** [..., prosi:m]

Busco ...	**Hledám ...** [hlɛda:m ...]
el servicio	**toaletu** [toalɛtu]
un cajero automático	**bankomat** [baŋkomat]
una farmacia	**lékárnu** [lɛ:ka:rnu]
el hospital	**nemocnici** [nɛmotsnɪtsɪ]

la comisaría	**policejní stanici** [polɪtsɛjni: stanɪtsɪ]
el metro	**metro** [mɛtro]

un taxi	**taxík** [taksi:k]
la estación de tren	**vlakové nádraží** [vlakovɛ: na:draʒi:]

Me llamo …	**Jmenuju se …** [jmɛnuju sɛ …]
¿Cómo se llama?	**Jak se jmenujete?** [jak sɛ jmɛnujɛtɛ?]
¿Puede ayudarme, por favor?	**Můžete mi prosím pomoct?** [mu:ʒetɛ mɪ prosi:m pomotst?]
Tengo un problema.	**Mám problém.** [ma:m problɛ:m]
Me encuentro mal.	**Necítím se dobře.** [nɛtsi:ti:m sɛ dobrʒɛ]
¡Llame a una ambulancia!	**Zavolejte sanitku!** [zavolɛjtɛ sanɪtku!]
¿Puedo llamar, por favor?	**Můžu si zavolat?** [mu:ʒu sɪ zavolat?]

Lo siento.	**Omlouvám se.** [omlouva:m sɛ]
De nada.	**Není zač.** [nɛni: zatʃ]

Yo	**Já** [ja:]
tú	**ty** [tɪ]
él	**on** [on]
ella	**ona** [ona]
ellos	**oni** [onɪ]
ellas	**ony** [onɪ]
nosotros /nosotras/	**my** [mɪ]
ustedes, vosotros	**vy** [vɪ]
usted	**vy** [vɪ]

ENTRADA	**VCHOD** [vxot]
SALIDA	**VÝCHOD** [vi:xot]
FUERA DE SERVICIO	**MIMO PROVOZ** [mɪmo provos]
CERRADO	**ZAVŘENO** [zavrʒɛno]

13

ABIERTO	**OTEVŘENO** [otɛvrʒɛno]
PARA SEÑORAS	**ŽENY** [ʒenɪ]
PARA CABALLEROS	**MUŽI** [muʒɪ]

Preguntas

¿Dónde?	**Kde?** [gdɛ?]
¿A dónde?	**Kam?** [kam?]
¿De dónde?	**Odkud?** [otkut?]
¿Por qué?	**Proč?** [protʃ?]
¿Con que razón?	**Z jakého důvodu?** [z jakɛ:ho du:vodu?]
¿Cuándo?	**Kde?** [gdɛ?]

¿Cuánto tiempo?	**Jak dlouho?** [jak dlouho?]
¿A qué hora?	**V kolik hodin?** [v kolɪk hodɪn?]
¿Cuánto?	**Kolik?** [kolɪk?]
¿Tiene ...?	**Máte ...?** [ma:tɛ ...?]
¿Dónde está ...?	**Kde je ...?** [gdɛ jɛ ...?]

¿Qué hora es?	**Kolik je hodin?** [kolɪk jɛ hodɪn?]
¿Puedo llamar, por favor?	**Můžu si zavolat?** [mu:ʒu sɪ zavolat?]
¿Quién es?	**Kdo je tam?** [gdo jɛ tam?]
¿Se puede fumar aquí?	**Můžu tady kouřit?** [mu:ʒu tadɪ kourʒɪt?]
¿Puedo ...?	**Můžu ...?** [mu:ʒu ...?]

Necesidades

Quisiera ...	**Rád /Ráda/ bych ...** [ra:d /ra:da/ bɪx ...]
No quiero ...	**Nechci ...** [nɛxtsɪ ...]
Tengo sed.	**Mám žízeň.** [ma:m ʒi:zɛnʲ]
Tengo sueño.	**Chce se mi spát.** [xtsɛ sɛ mɪ spa:t]

Quiero ...	**Chci ...** [xtsɪ ...]
lavarme	**se umýt** [sɛ umi:t]
cepillarme los dientes	**si vyčistit zuby** [sɪ vɪtʃɪstɪt zubɪ]
descansar un momento	**si chvilku odpočinout** [sɪ xvɪlku otpotʃɪnout]
cambiarme de ropa	**se převléknout** [sɛ prʒɛvlɛ:knout]

volver al hotel	**se vrátit do hotelu** [sɛ vra:tɪt do hotɛlu]
comprar ...	**si koupit ...** [sɪ koupɪt ...]
ir a ...	**jít do ...** [ji:t do ...]
visitar ...	**navštívit ...** [navʃti:vɪt ...]
quedar con ...	**se setkat s ...** [sɛ sɛtkat s ...]
hacer una llamada	**si zavolat** [sɪ zavolat]

Estoy cansado /cansada/.	**Jsem unavený /unavená/.** [jsɛm unavɛni: /unavɛna:/]
Estamos cansados /cansadas/.	**Jsme unavení /unaveny/.** [jsmɛ unavɛni: /unavɛnɪ/]
Tengo frío.	**Je mi zima.** [jɛ mɪ zɪma]
Tengo calor.	**Je mi horko.** [jɛ mɪ horko]
Estoy bien.	**Jsem v pořádku.** [jsɛm v porʒa:tku]

Tengo que hacer una llamada.

Potřebuju si zavolat.
[potrʒɛbuju sɪ zavolat]

Necesito ir al servicio.

Potřebuju jít na toaletu.
[potrʒɛbuju ji:t na toalɛtu]

Me tengo que ir.

Musím už jít.
[musi:m uʒ ji:t]

Me tengo que ir ahora.

Teď už musím jít.
[tɛtʲ uʒ musi:m ji:t]

Preguntar por direcciones

Perdone, ...	**Promiňte, ...** [promɪnʲtɛ, ...]
¿Dónde está ...?	**Kde je ...?** [gdɛ jɛ ...?]
¿Por dónde está ...?	**Kudy ...?** [kudɪ ...?]
¿Puede ayudarme, por favor?	**Můžete mi prosím pomoct?** [muːʒetɛ mɪ prosiːm pomotsť?]

Busco ...	**Hledám ...** [hlɛdaːm ...]
Busco la salida.	**Hledám východ.** [hlɛdaːm viːxot]
Voy a ...	**Jdu ...** [jdu ...]
¿Voy bien por aquí para ...?	**Jdu správným směrem do ...?** [jdu spraːvniːm smnerɛm do ...?]

¿Está lejos?	**Je to daleko?** [jɛ to dalɛko?]
¿Puedo llegar a pie?	**Dostanu se tam pěšky?** [dostanu sɛ tam peʃkɪ?]
¿Puede mostrarme en el mapa?	**Můžete mi to ukázat na mapě?** [muːʒetɛ mɪ to ukaːzat na mape?]
Por favor muestreme dónde estamos.	**Ukažte mi, kde právě teď jsme.** [ukaʃtɛ mɪ, gdɛ praːve tɛdʲ jsmɛ]

Aquí	**Tady** [tadɪ]
Allí	**Tam** [tam]
Por aquí	**Tudy** [tudɪ]

Gire a la derecha.	**Odbočte doprava.** [odbotʃtɛ doprava]
Gire a la izquierda.	**Odbočte doleva.** [odbotʃtɛ dolɛva]
la primera (segunda, tercera) calle	**první (druhá, třetí) odbočka** [prvniː (druhaː, trʒɛtiː) odbotʃka]
a la derecha	**doprava** [doprava]

a la izquierda **doleva**
[dolɛva]

Siga recto. **Jděte stále rovně.**
[jdetɛ sta:lɛ rovne]

Carteles

¡BIENVENIDO!	**VÍTEJTE!** [vi:tɛjtɛ!]
ENTRADA	**VCHOD** [vxot]
SALIDA	**VÝCHOD** [vi:xot]

EMPUJAR	**TLAČIT** [tlatʃɪt]
TIRAR	**TÁHNOUT** [ta:hnout]
ABIERTO	**OTEVŘENO** [otɛvrʒɛno]
CERRADO	**ZAVŘENO** [zavrʒɛno]

PARA SEÑORAS	**ŽENY** [ʒenɪ]
PARA CABALLEROS	**MUŽI** [muʒɪ]
CABALLEROS	**PÁNI** [pa:nɪ]
SEÑORAS	**DÁMY** [da:mɪ]

REBAJAS	**VÝPRODEJ** [vi:prodɛj]
VENTA	**VÝPRODEJ** [vi:prodɛj]
GRATIS	**ZDARMA** [zdarma]
¡NUEVO!	**NOVINKA!** [novɪŋka!]
ATENCIÓN	**POZOR!** [pozor!]

COMPLETO	**PLNĚ OBSAZENO** [plne opsazɛno]
RESERVADO	**REZERVACE** [rɛzɛrvatsɛ]
ADMINISTRACIÓN	**VEDENÍ** [vɛdɛni:]
SÓLO PERSONAL AUTORIZADO	**VSTUP JEN PRO ZAMĚSTNANCE** [vstup jɛn pro zamnestnantsɛ]

CUIDADO CON EL PERRO	**POZOR PES!**
	[pozor pɛs!]
NO FUMAR	**ZÁKAZ KOUŘENÍ**
	[zaːkaz kourʒɛniː]
NO TOCAR	**NEDOTÝKEJTE SE**
	[nɛdotiːkɛjtɛ sɛ]

PELIGROSO	**ŽIVOTU NEBEZPEČNÉ**
	[ʒɪvotu nɛbɛzpɛt͡ʃnɛː]
PELIGRO	**NEBEZPEČNÉ**
	[nɛbɛspɛt͡ʃnɛː]
ALTA TENSIÓN	**VYSOKÉ NAPĚTÍ**
	[vɪsokɛː napetiː]
PROHIBIDO BAÑARSE	**ZÁKAZ KOUPÁNÍ**
	[zaːkaz koupaːniː]

FUERA DE SERVICIO	**MIMO PROVOZ**
	[mɪmo provos]
INFLAMABLE	**HOŘLAVÉ**
	[horʒlavɛː]
PROHIBIDO	**ZAKÁZÁNO**
	[zakaːzaːno]
PROHIBIDO EL PASO	**ZÁKAZ VSTUPU**
	[zaːkaz vstupu]
RECIÉN PINTADO	**ČERSTVĚ NATŘENO**
	[t͡ʃerstve natrʃɛno]

CERRADO POR RENOVACIÓN	**UZAVŘENO Z DŮVODU REKONSTRUKCE**
	[uzavrʒɛno z duːvodu rɛkonstruktsɛ]
EN OBRAS	**PRÁCE NA SILNICI**
	[praːtsɛ na sɪlnɪtsɪ]
DESVÍO	**OBJÍŽĎKA**
	[objiːʒtʲka]

Transporte. Frases generales

el avión	**letadlo** [lɛtadlo]
el tren	**vlak** [vlak]
el bus	**autobus** [autobus]
el ferry	**trajekt** [trajɛkt]
el taxi	**taxík** [taksi:k]
el coche	**auto** [auto]

el horario	**jízdní řád** [ji:zdni: rʒa:t]
¿Dónde puedo ver el horario?	**Kde se můžu podívat na jízdní řád?** [gdɛ sɛ mu:ʒu podi:vat na ji:zdni: rʒa:t?]
días laborables	**pracovní dny** [pratsovni: dnɪ]
fines de semana	**víkendy** [vi:kɛndɪ]
días festivos	**prázdniny** [pra:zdnɪnɪ]

SALIDA	**ODJEZD** [odjɛst]
LLEGADA	**PŘÍJEZD** [prʃi:jɛst]
RETRASADO	**ZPOŽDĚNÍ** [zpoʒdeni:]
CANCELADO	**ZRUŠENO** [zruʃɛno]

siguiente (tren, etc.)	**příští** [prʃi:ʃti:]
primero	**první** [prvni:]
último	**poslední** [poslɛdni:]

¿Cuándo pasa el siguiente ...?	**Kdy jede příští ...?** [gdɪ jɛdɛ prʒi:ʃti: ...?]
¿Cuándo pasa el primer ...?	**Kdy jede první ...?** [gdɪ jɛdɛ prvni: ...?]

¿Cuándo pasa el último …?

Kdy jede poslední …?
[gdɪ jɛdɛ poslɛdni: …?]

el trasbordo (cambio de trenes, etc.)

přestup
[prʃɛstup]

hacer un trasbordo

přestoupit
[prʃɛstoupɪt]

¿Tengo que hacer un trasbordo?

Musím přestupovat?
[musi:m prʃɛstupovat?]

Comprar billetes

¿Dónde puedo comprar un billete?

el billete

comprar un billete

precio del billete

Kde si mohu koupit jízdenky?
[gdɛ sɪ mohu koupɪt ji:zdɛŋkɪ?]
jízdenka
[ji:zdɛŋka]
koupit si jízdenku
[koupɪt sɪ ji:zdɛŋku]
cena jízdenky
[tsɛna ji:zdɛŋkɪ]

¿Para dónde?

¿A qué estación?

Necesito ...

un billete

dos billetes

tres billetes

Kam?
[kam?]
Do jaké stanice?
[do jakɛ: stanɪtsɛ?]
Potřebuju ...
[potrʒɛbuju ...]
jednu jízdenku
[jɛdnu ji:zdɛŋku]
dvě jízdenky
[dve ji:zdɛŋkɪ]
tři jízdenky
[trʒɪ ji:zdɛŋkɪ]

---

sólo ida

ida y vuelta

en primera (primera clase)

en segunda (segunda clase)

jízdenka jedním směrem
[ji:zdɛŋka jɛdni:m smnɛrɛm]
zpáteční jízdenka
[zpa:tɛtʃni: ji:zdɛŋka]
první třída
[prvni: trʒi:da]
druhá třída
[druha: trʒi:da]

---

hoy

mañana

pasado mañana

por la mañana

por la tarde

por la noche

dnes
[dnɛs]
zítra
[zi:tra]
pozítří
[pozi:trʃi:]
dopoledne
[dopolɛdnɛ]
odpoledne
[otpolɛdnɛ]
večer
[vɛtʃɛr]

asiento de pasillo	**sedadlo u uličky** [sɛdadlo u ulɪtʃkɪ]
asiento de ventanilla	**sedadlo u okna** [sɛdadlo u okna]
¿Cuánto cuesta?	**Kolik?** [kolɪk?]
¿Puedo pagar con tarjeta?	**Můžu platit kreditní kartou?** [muːʒu platɪt krɛdɪtni: kartou?]

Autobús

el autobús	**autobus** [autobus]
el autobús interurbano	**meziměstský autobus** [mɛzɪmnestski: autobus]
la parada de autobús	**autobusová zastávka** [autobusova: zasta:fka]
¿Dónde está la parada de autobuses más cercana?	**Kde je nejbližší autobusová zastávka?** [gdɛ jɛ nɛjblɪʒʃi: autobusova: zasta:fka?]

número	**číslo** [tʃi:slo]
¿Qué autobús tengo que tomar para ...?	**Jakým autobusem se dostanu do ...?** [jaki:m autobusɛm sɛ dostanu do ...?]
¿Este autobús va a ...?	**Jede tento autobus do ...?** [jɛdɛ tɛnto autobus do ...?]
¿Cada cuanto pasa el autobús?	**Jak často jezdí tento autobus?** [jak tʃasto jɛzdi: tɛnto autobus?]

cada 15 minutos	**každých patnáct minut** [kaʒdi:x patna:tst mɪnut]
cada media hora	**každou půlhodinu** [kaʒdou pu:lhodɪnu]
cada hora	**každou hodinu** [kaʒdou hodɪnu]
varias veces al día	**několikrát za den** [nɛkolɪkra:t za dɛn]
... veces al día	**... krát za den** [... kra:t za dɛn]

el horario	**jízdní řád** [ji:zdni: rʒa:t]
¿Dónde puedo ver el horario?	**Kde se můžu podívat na jízdní řád?** [gdɛ sɛ mu:ʒu podi:vat na ji:zdni: rʒa:t?]
¿Cuándo pasa el siguiente autobús?	**Kdy jede příští autobus?** [gdɪ jɛdɛ prʒi:ʃti: autobus?]
¿Cuándo pasa el primer autobús?	**Kdy jede první autobus?** [gdɪ jɛdɛ prvni: autobus?]
¿Cuándo pasa el último autobús?	**Kdy jede poslední autobus?** [gdɪ jɛdɛ poslɛdni: autobus?]

la parada	**zastávka** [zasta:fka]
la siguiente parada	**příští zastávka** [prʃi:ʃti: zasta:fka]

la última parada	**poslední zastávka** [poslɛdni: zasta:fka]
Pare aquí, por favor.	**Zastavte tady, prosím.** [zastaftɛ tadɪ, prosi:m]
Perdone, esta es mi parada.	**Promiňte, já tady vystupuju.** [promɪɲ'tɛ, ja: tadɪ vɪstupuju]

Tren

el tren	**vlak**
	[vlak]
el tren de cercanías	**příměstský vlak**
	[prʒi:mnestskɪ vlak]
el tren de larga distancia	**dálkový vlak**
	[da:lkovi: vlak]
la estación de tren	**vlakové nádraží**
	[vlakovɛ: na:draʒi:]
Perdone, ¿dónde está	**Promiňte, kde je vstup na nástupiště?**
la salida al anden?	[promɪnʲtɛ, gdɛ jɛ vstup na na:stupɪʃte?]

¿Este tren va a ...?	**Jede tento vlak do ...?**
	[jɛdɛ tɛnto vlak do ...?]
el siguiente tren	**příští vlak**
	[prʃi:ʃti: vlak]
¿Cuándo pasa el siguiente tren?	**Kdy jede příští vlak?**
	[gdɪ jɛdɛ prʒi:ʃti: vlak?]
¿Dónde puedo ver el horario?	**Kde se můžu podívat na jízdní řád?**
	[gdɛ sɛ mu:ʒu podi:vat na ji:zdni: rʒa:t?]
¿De qué andén?	**Ze kterého nástupiště?**
	[zɛ ktɛrɛ:ho na:stupɪʃte?]
¿Cuándo llega el tren a ...?	**Kdy přijede tento vlak do ...?**
	[gdɪ prʃɪjɛdɛ tɛnto vlak do ...?]

Ayudeme, por favor.	**Můžete mi prosím pomoct?**
	[mu:ʒetɛ mɪ prosi:m pomotst?]
Busco mi asiento.	**Hledám své místo.**
	[hlɛda:m svɛ: mi:sto]
Buscamos nuestros asientos.	**Hledáme svá místa.**
	[hlɛda:mɛ sva: mi:sta]
Mi asiento está ocupado.	**Moje místo je obsazeno.**
	[mojɛ mi:sto jɛ opsazɛno]
Nuestros asientos están ocupados.	**Naše místa jsou obsazena.**
	[naʃɛ mi:sta jsou opsazɛna]

Perdone, pero ese es mi asiento.	**Promiňte, ale toto je moje místo.**
	[promɪnʲtɛ, alɛ toto jɛ mojɛ mi:sto]
¿Está libre?	**Je toto místo volné?**
	[jɛ toto mi:sto volnɛ:?]
¿Puedo sentarme aquí?	**Můžu si zde sednout?**
	[mu:ʒu sɪ zdɛ sɛdnout?]

En el tren. Diálogo (Sin billete)

Su billete, por favor.	**Jízdenku, prosím.** [ji:zdɛŋku, prosi:m]
No tengo billete.	**Nemám jízdenku.** [nɛma:m ji:zdɛŋku]
He perdido mi billete.	**Ztratil jsem jízdenku.** [stratɪl jsɛm ji:zdɛŋku]
He olvidado mi billete en casa.	**Zapomněl svou jízdenku doma.** [zapomel svou ji:zdɛŋku doma]

Le puedo vender un billete.	**Jízdenku si můžete koupit u mě.** [ji:zdɛŋku sɪ mu:ʒɛtɛ koupɪt u mne]
También deberá pagar una multa.	**Také budete muset zaplatit pokutu.** [takɛ: budɛtɛ musɛt zaplatɪt pokutu]
Vale.	**Dobrá.** [dobra:]
¿A dónde va usted?	**Kam jedete?** [kam jɛdɛtɛ?]
Voy a …	**Jedu do …** [jɛdu do …]

¿Cuánto es? No lo entiendo.	**Kolik? Nerozumím.** [kolɪk? nɛrozumi:m]
Escríbalo, por favor.	**Napište to, prosím.** [napɪʃtɛ to, prosi:m]
Vale. ¿Puedo pagar con tarjeta?	**Dobrá. Můžu platit kreditní kartou?** [dobra:. mu:ʒu platɪt krɛdɪtni: kartou?]
Sí, puede.	**Ano, můžete.** [ano, mu:ʒɛtɛ]

Aquí está su recibo.	**Tady je vaše stvrzenka.** [tadɪ jɛ vaʃɛ stvrzɛŋka]
Disculpe por la multa.	**Omlouvám se za tu pokutu.** [omlouva:m sɛ za tu pokutu]
No pasa nada. Fue culpa mía.	**To je v pořádku. Je to moje chyba.** [to jɛ v porʒa:tku. jɛ to mojɛ xɪba]
Disfrute su viaje.	**Příjemnou cestu.** [prʒi:jɛmnou tsɛstu]

Taxi

taxi
taxík
[taksi:k]

taxista
taxikář
[taksɪka:rʒ]

coger un taxi
chytit si taxík
[xɪtɪt sɪ taksi:k]

parada de taxis
stanoviště taxíků
[stanovɪʃte taksi:ku:]

¿Dónde puedo coger un taxi?
Kde můžu sehnat taxík?
[gdɛ mu:ʒu sɛhnat taksi:k?]

llamar a un taxi
volat taxík
[volat taksi:k]

Necesito un taxi.
Potřebuju taxík.
[potrʒɛbuju taksi:k]

Ahora mismo.
Hned teď.
[hnɛt tɛtʲ]

¿Cuál es su dirección?
Jaká je vaše adresa?
[jaka: jɛ vaʃɛ adrɛsa?]

Mi dirección es …
Moje adresa je …
[mojɛ adrɛsa jɛ …]

¿Cuál es el destino?
Váš cíl?
[va:ʃ tsi:l?]

Perdone, …
Promiňte, …
[promɪnʲtɛ, …]

¿Está libre?
Jste volný?
[jstɛ volni:?]

¿Cuánto cuesta ir a …?
Kolik to stojí do …?
[kolɪk to stoji: do …?]

¿Sabe usted dónde está?
Víte, kde to je?
[vi:tɛ, gdɛ to jɛ?]

Al aeropuerto, por favor.
Na letiště, prosím.
[na lɛtɪʃte, prosi:m]

Pare aquí, por favor.
Zastavte tady, prosím.
[zastaftɛ tadɪ, prosi:m]

No es aquí.
To není tady.
[to nɛni: tadɪ]

La dirección no es correcta.
To je nesprávná adresa.
[to jɛ nɛspra:vna: adrɛsa]

Gire a la izquierda.
Zabočte doleva.
[zabotʃɛ dolɛva]

Gire a la derecha.
Zabočte doprava.
[zabotʃɛ doprava]

¿Cuánto le debo?	**Kolik vám dlužím?** [kolɪk vaːm dluʒiːm?]
¿Me da un recibo, por favor?	**Chtěl /Chtěla/ bych stvrzenku, prosím.** [xtel /xtela/ bɪx stvrzɛŋku, prosiːm]
Quédese con el cambio.	**Drobné si nechte.** [drobnɛ: sɪ nɛxtɛ]

Espéreme, por favor.	**Můžete tady na mě počkat?** [muːʒetɛ tadɪ na mne potʃkat?]
cinco minutos	**pět minut** [pet mɪnut]
diez minutos	**deset minut** [dɛsɛt mɪnut]
quince minutos	**patnáct minut** [patnaːtst mɪnut]
veinte minutos	**dvacet minut** [dvatsɛt mɪnut]
media hora	**půl hodiny** [puːl hodɪnɪ]

Hotel

Hola.	**Dobrý den.** [dobrí: dɛn]
Me llamo ...	**Jmenuju se ...** [jmɛnuju sɛ ...]
Tengo una reserva.	**Mám tady rezervaci.** [ma:m tadɪ rɛzɛrvatsɪ]

Necesito ...	**Potřebuju ...** [potʒɛbuju ...]
una habitación individual	**jednolůžkový pokoj** [jɛdnolu:ʃkovi: pokoj]
una habitación doble	**dvoulůžkový pokoj** [dvoulu:ʃkovi: pokoj]
¿Cuánto cuesta?	**Kolik to stojí?** [kolɪk to stoji:?]
Es un poco caro.	**To je trochu drahé.** [to jɛ troxu drahɛ:]

¿Tiene alguna más?	**Máte nějaké další možnosti?** [ma:tɛ nejakɛ: dalʃi: moʒnostɪ?]
Me quedo.	**To si vezmu.** [to sɪ vɛzmu]
Pagaré en efectivo.	**Budu platit v hotovosti.** [budu platɪt v hotovostɪ]

Tengo un problema.	**Mám problém.** [ma:m problɛ:m]
Mi ... no funciona.	**... je rozbitý /rozbitá/.** [... jɛ rozbɪti: /rozbɪta:/]
Mi ... está fuera de servicio.	**... je mimo provoz.** [... jɛ mɪmo provoz]
televisión	**Můj televizor ...** [mu:j tɛlɛvɪzor ...]
aire acondicionado	**Moje klimatizace ...** [mojɛ klɪmatɪzatsɛ ...]
grifo	**Můj kohoutek ...** [mu:j kohoutɛk ...]

ducha	**Moje sprcha ...** [mojɛ sprxa ...]
lavabo	**Můj dřez ...** [mu:j drʒɛz ...]
caja fuerte	**Můj sejf ...** [mu:j sɛjf ...]

cerradura	**Můj zámek ...** [mu:j za:mɛk ...]
enchufe	**Moje elektrická zásuvka ...** [mojɛ ɛlɛktrɪtska: za:sufka ...]
secador de pelo	**Můj fén ...** [mu:j fɛ:n ...]

No tengo ...	**Nemám ...** [nɛma:m ...]
agua	**vodu** [vodu]
luz	**světlo** [svetlo]
electricidad	**elektřinu** [ɛlɛktrʒɪnu]

¿Me puede dar ...?	**Můžete mi dát ...?** [mu:ʒetɛ mɪ da:t ...?]
una toalla	**ručník** [rutʃni:k]
una sábana	**přikrývku** [prʒɪkri:fku]
unas chanclas	**bačkory** [batʃkorɪ]
un albornoz	**župan** [ʒupan]
un champú	**šampón** [ʃampón]
jabón	**mýdlo** [mi:dlo]

Quisiera cambiar de habitación.	**Chtěl bych vyměnit pokoje.** [xtel bɪx vɪmnenɪt pokojɛ]
No puedo encontrar mi llave.	**Nemůžu najít klíč.** [nɛmu:ʒu naji:t kli:tʃ]
Por favor abra mi habitación.	**Můžete mi otevřít pokoj, prosím?** [mu:ʒetɛ mɪ otɛvrʒi:t pokoj, prosi:m?]
¿Quién es?	**Kdo je tam?** [gdo jɛ tam?]
¡Entre!	**Vstupte!** [vstuptɛ!]
¡Un momento!	**Minutku!** [mɪnutku!]
Ahora no, por favor.	**Teď ne, prosím.** [tɛtʲ nɛ, prosi:m]

Venga a mi habitación, por favor.	**Pojďte do mého pokoje, prosím.** [pojdʲtɛ do mɛ:ho pokojɛ, prosi:m]
Quisiera hacer un pedido.	**Chtěl bych si objednat jídlo.** [xtel bɪx sɪ objednat ji:dlo]
Mi número de habitación es ...	**Číslo mého pokoje je ...** [tʃi:slo mɛ:ho pokojɛ jɛ ...]

Me voy …	**Odjíždím …** [odjiːʒdiːm …]
Nos vamos …	**Odjíždíme …** [odjiːʒdiːmɛ …]
Ahora mismo	**hned teď** [hnɛt tɛtʲ]
esta tarde	**dnes odpoledne** [dnɛs otpolɛdnɛ]
esta noche	**dnes večer** [dnɛs vɛtʃɛr]
mañana	**zítra** [ziːtra]
mañana por la mañana	**zítra dopoledne** [ziːtra dopolɛdnɛ]
mañana por la noche	**zítra večer** [ziːtra vɛtʃɛr]
pasado mañana	**pozítří** [poziːtrʃiː]

Quisiera pagar la cuenta.	**Chtěl bych zaplatit.** [xtel bɪx zaplatɪt]
Todo ha estado estupendo.	**Všechno bylo skvělé.** [vʃɛxno bɪlo skvelɛː]
¿Dónde puedo coger un taxi?	**Kde můžu sehnat taxík?** [gdɛ muːʒu sɛhnat taksiːk?]
¿Puede llamarme un taxi, por favor?	**Můžete mi zavolat taxík, prosím?** [muːʒetɛ mɪ zavolat taksiːk, prosiːm?]

Restaurante

¿Puedo ver el menú, por favor?	**Můžu se podívat na jídelní lístek, prosím?** [muːʒu sɛ podiːvat na jiːdɛlni: liːstɛk, prosiːm?]
Mesa para uno.	**Stůl pro jednoho.** [stuːl pro jɛdnoho]
Somos dos (tres, cuatro).	**Jsme dva (tři, čtyři).** [jsmɛ dva (trʒɪ, tʃtɪrʒɪ)]

Para fumadores	**Kuřáci** [kurʒaːtsɪ]
Para no fumadores	**Nekuřáci** [nɛkurʒaːtsɪ]
¡Por favor! (llamar al camarero)	**Promiňte!** [promɪɲ'tɛ!]
la carta	**jídelní lístek** [jiːdɛlni: liːstɛk]
la carta de vinos	**vinný lístek** [vɪnnɪ liːstɛk]
La carta, por favor.	**Jídelní lístek, prosím.** [jiːdɛlni: liːstɛk, prosi:m]

¿Está listo para pedir?	**Vybrali jste si?** [vɪbralɪ jstɛ sɪ?]
¿Qué quieren pedir?	**Co si dáte?** [tso sɪ daːtɛ?]
Yo quiero …	**Dám si …** [daːm sɪ …]

Soy vegetariano.	**Jsem vegetarián.** [jsɛm vɛgɛtarɪaːn]
carne	**maso** [maso]
pescado	**ryba** [rɪba]
verduras	**zelenina** [zɛlɛnɪna]
¿Tiene platos para vegetarianos?	**Máte vegetariánská jídla?** [maːtɛ vɛgɛtarɪaːnska: jiːdla?]

No como cerdo.	**Nejím vepřové.** [nɛjiːm vɛprʃovɛ:]
Él /Ella/ no come carne.	**On /ona/ nejí maso.** [on /ona/ nɛji: maso]

Soy alérgico a ...

Jsem alergický /alergická/ na ...
[jsɛm alɛrgɪtski: /alɛrgɪtska:/ na ...]

¿Me puede traer ..., por favor?

Přinesl byste mi prosím ...
[prʒɪnɛsl bɪstɛ mɪ prosi:m ...]

sal | pimienta | azúcar

sůl | pepř | cukr
[su:l | pɛprʒ | tsukr]

café | té | postre

kávu | čaj | zákusek
[ka:vu | tʃaj | za:kusɛk]

agua | con gas | sin gas

vodu | perlivou | neperlivou
[vodu | pɛrlɪvou | nɛpɛrlɪvou]

una cuchara | un tenedor | un cuchillo

lžíci | vidličku | nůž
[lʒi:tsɪ | vɪdlɪtʃku | nu:ʒ]

un plato | una servilleta

talíř | ubrousek
[tali:rʒ | ubrousɛk]

¡Buen provecho!

Dobrou chuť!
[dobrou xutʲ!]

Uno más, por favor.

Ještě jednou, prosím.
[jɛʃte jɛdnou, prosi:m]

Estaba delicioso.

Bylo to výborné.
[bɪlo to vi:bornɛ:]

---

la cuenta | el cambio | la propina

účet | drobné | spropitné
[u:tʃɛt | drobnɛ: | spropɪtnɛ:]

La cuenta, por favor.

Účet, prosím.
[u:tʃɛt, prosi:m]

¿Puedo pagar con tarjeta?

Můžu platit kreditní kartou?
[mu:ʒu platɪt krɛdɪtni: kartou?]

Perdone, aquí hay un error.

Omlouvám se, ale tady je chyba.
[omlouva:m sɛ, alɛ tadɪ jɛ xɪba]

De Compras

¿Puedo ayudarle?	**Co si přejete?** [tso sɪ prʒɛjɛtɛ?]
¿Tiene ...?	**Máte ...?** [maːtɛ ...?]
Busco ...	**Hledám ...** [hlɛdaːm ...]
Necesito ...	**Potřebuju ...** [potrʒɛbuju ...]

Sólo estoy mirando.	**Jen se dívám.** [jɛn sɛ diːvaːm]
Sólo estamos mirando.	**Jen se díváme.** [jɛn sɛ diːvaːmɛ]
Volveré más tarde.	**Vrátím se později.** [vraːtiːm sɛ pozdejɪ]
Volveremos más tarde.	**Vrátíme se později.** [vraːtiːmɛ sɛ pozdejɪ]
descuentos | oferta	**slevy | výprodej** [slɛvɪ | viːprodɛj]

Por favor, enséñeme ...	**Můžete mi prosím ukázat ...** [muːʒɛtɛ mɪ prosiːm ukaːzat ...]
¿Me puede dar ..., por favor?	**Můžete mi prosím dát ...** [muːʒɛtɛ mɪ prosiːm daːt ...]
¿Puedo probarmelo?	**Můžu si to vyzkoušet?** [muːʒu sɪ to vɪskouʃɛt?]
Perdone, ¿dónde están los probadores?	**Promiňte, kde je zkušební kabinka?** [promɪnʲtɛ, gdɛ jɛ skuʃɛbni: kabɪŋka?]
¿Qué color le gustaría?	**Jakou byste chtěl /chtěla/ barvu?** [jakou bɪstɛ xtel /xtela/ barvu?]
la talla | el largo	**velikost | délku** [vɛlɪkost | dɛːlku]
¿Cómo le queda? (¿Está bien?)	**Jak vám to sedí?** [jak vaːm to sɛdi:?]

¿Cuánto cuesta esto?	**Kolik to stojí?** [kolɪk to stoji:?]
Es muy caro.	**To je příliš drahé.** [to jɛ prʃiːlɪʃ drahɛː]
Me lo llevo.	**Vezmu si to.** [vɛzmu sɪ to]
Perdone, ¿dónde está la caja?	**Promiňte, kde můžu zaplatit?** [promɪnʲtɛ, gdɛ muːʒu zaplatɪt?]

¿Pagará en efectivo o con tarjeta?	**Budete platit v hotovosti nebo kreditní kartou?** [budɛtɛ platɪt v hotovostɪ nɛbo krɛdɪtni: kartou?]
en efectivo | con tarjeta	**v hotovosti | kreditní kartou** [v hotovostɪ | krɛdɪtni: kartou]

¿Quiere el recibo?	**Chcete stvrzenku?** [xtsɛtɛ stvrzɛŋku?]
Sí, por favor.	**Ano, prosím.** [ano, prosi:m]
No, gracias.	**Ne, to je dobré.** [nɛ, to jɛ dobrɛ:]
Gracias. ¡Que tenga un buen día!	**Děkuji. Hezký den.** [dekujɪ. hɛski: dɛn]

En la ciudad

Perdone, por favor.	**Promiňte, prosím.** [promɪnⁱtɛ, prosi:m]
Busco ...	**Hledám ...** [hlɛda:m ...]
el metro	**metro** [mɛtro]
mi hotel	**svůj hotel** [svu:j hotɛl]
el cine	**kino** [kɪno]
una parada de taxis	**stanoviště taxíků** [stanovɪʃtɛ taksi:ku:]
un cajero automático	**bankomat** [baŋkomat]
una oficina de cambio	**směnárnu** [smnena:rnu]
un cibercafé	**internetovou kavárnu** [ɪntɛrnɛtovou kava:rnu]
la calle ...	**... ulici** [... ulɪtsɪ]
este lugar	**toto místo** [toto mi:sto]
¿Sabe usted dónde está ...?	**Nevíte, kde je ...?** [nɛvi:tɛ, gdɛ jɛ ...?]
¿Cómo se llama esta calle?	**Jaká je toto ulice?** [jaka: jɛ toto ulɪtsɛ?]
Muestreme dónde estamos ahora.	**Ukažte mi, kde teď jsme.** [ukaʃtɛ mɪ, gdɛ tɛdʲ jsmɛ]
¿Puedo llegar a pie?	**Dostanu se tam pěšky?** [dostanu sɛ tam pɛʃkɪ?]
¿Tiene un mapa de la ciudad?	**Máte mapu tohoto města?** [ma:tɛ mapu tohoto mnesta?]
¿Cuánto cuesta la entrada?	**Kolik stojí vstupenka?** [kolɪk stoji: vstupɛŋka?]
¿Se pueden hacer fotos aquí?	**Můžu tady fotit?** [mu:ʒu tadɪ fotɪt?]
¿Está abierto?	**Máte otevřeno?** [ma:tɛ otɛvrʒɛno?]

¿A qué hora abren?

Kdy otvíráte?
[gdɪ otviːraːtɛ?]

¿A qué hora cierran?

Kdy zavíráte?
[gdɪ zaviːraːtɛ?]

Dinero

dinero	**peníze** [pɛniːzɛ]
efectivo	**hotovost** [hotovost]
billetes	**papírové peníze** [papiːrovɛ: pɛniːzɛ]
monedas	**drobné** [drobnɛ:]
la cuenta | el cambio | la propina	**účet | drobné | spropitné** [uːtʃɛt | drobnɛ: | spropɪtnɛ:]

la tarjeta de crédito	**kreditní karta** [krɛdɪtniː karta]
la cartera	**peněženka** [pɛneʒeŋka]
comprar	**koupit** [koupɪt]
pagar	**platit** [platɪt]
la multa	**pokuta** [pokuta]
gratis	**zdarma** [zdarma]

¿Dónde puedo comprar ...?	**Kde dostanu koupit ...?** [gdɛ dostanu koupɪt ...?]
¿Está el banco abierto ahora?	**Je teď otevřená banka?** [jɛ tɛdʲ otɛvrʒɛna: baŋka?]
¿A qué hora abre?	**Kdy otvírají?** [gdɪ otviːrajiː?]
¿A qué hora cierra?	**Kdy zavírají?** [gdɪ zaviːrajiː?]

¿Cuánto cuesta?	**Kolik?** [kolɪk?]
¿Cuánto cuesta esto?	**Kolik to stojí?** [kolɪk to stojiː?]
Es muy caro.	**To je příliš drahé.** [to jɛ prʃiːlɪʃ drahɛ:]

Perdone, ¿dónde está la caja?	**Promiňte, kde můžu zaplatit?** [promɪnʲtɛ, gdɛ muːʒu zaplatɪt?]
La cuenta, por favor.	**Účet, prosím.** [uːtʃɛt, prosiːm]

¿Puedo pagar con tarjeta?	**Můžu platit kreditní kartou?** [muːʒu platɪt krɛdɪtniː kartou?]
¿Hay un cajero por aquí?	**Je tady bankomat?** [jɛ tadɪ baŋkomat?]
Busco un cajero automático.	**Hledám bankomat.** [hlɛdaːm baŋkomat]
Busco una oficina de cambio.	**Hledám směnárnu.** [hlɛdaːm smnenaːrnu]
Quisiera cambiar …	**Chtěl bych si vyměnit …** [xtel bɪx sɪ vɪmnenɪt …]
¿Cuál es el tipo de cambio?	**Jaký je kurz?** [jakiː jɛ kurs?]
¿Necesita mi pasaporte?	**Potřebujete můj pas?** [potrʒɛbujɛtɛ muːj pas?]

Tiempo

¿Qué hora es?	**Kolik je hodin?** [kolɪk jɛ hodɪn?]
¿Cuándo?	**Kdy?** [gdɪ?]
¿A qué hora?	**V kolik hodin?** [v kolɪk hodɪn?]
ahora | luego | después de …	**teď | později | po …** [tɛdⁱ | pozdɛjɪ | po …]
la una	**jedna hodina** [jɛdna hodɪna]
la una y cuarto	**čtvrt na dvě** [tʃtvrt na dve]
la una y medio	**půl druhé** [puːl druhɛ:]
las dos menos cuarto	**tři čtvrtě na dvě** [trʒɪ tʃtvrte na dve]
una | dos | tres	**jedna | dvě | tři** [jɛdna | dve | trʒɪ]
cuatro | cinco | seis	**čtyři | pět | šest** [tʃtɪrʒɪ | pet | ʃɛst]
siete | ocho | nueve	**sedm | osm | devět** [sɛdm | osm | dɛvet]
diez | once | doce	**deset | jedenáct | dvanáct** [dɛsɛt | jɛdɛna:tst | dvana:tst]
en …	**za …** [za …]
cinco minutos	**pět minut** [pet mɪnut]
diez minutos	**deset minut** [dɛsɛt mɪnut]
quince minutos	**patnáct minut** [patna:tst mɪnut]
veinte minutos	**dvacet minut** [dvatsɛt mɪnut]
media hora	**půl hodiny** [puːl hodɪnɪ]
una hora	**hodinu** [hodɪnu]
por la mañana	**dopoledne** [dopolɛdnɛ]

por la mañana temprano	**brzy ráno** [brzɪ ra:no]
esta mañana	**dnes dopoledne** [dnɛs dopolɛdnɛ]
mañana por la mañana	**zítra dopoledne** [zi:tra dopolɛdnɛ]

al mediodía	**v poledne** [v polɛdnɛ]
por la tarde	**odpoledne** [otpolɛdnɛ]
por la noche	**večer** [vɛtʃɛr]
esta noche	**dnes večer** [dnɛs vɛtʃɛr]

por la noche	**v noci** [v notsɪ]
ayer	**včera** [vtʃɛra]
hoy	**dnes** [dnɛs]
mañana	**zítra** [zi:tra]
pasado mañana	**pozítří** [pozi:trʃi:]

¿Qué día es hoy?	**Kolikátého je dnes?** [kolɪka:tɛ:ho jɛ dnɛs?]
Es ...	**Dnes je ...** [dnɛs jɛ ...]
lunes	**pondělí** [pondeli:]
martes	**úterý** [u:tɛri:]
miércoles	**středa** [strʒɛda]

jueves	**čtvrtek** [tʃtvrtɛk]
viernes	**pátek** [pa:tɛk]
sábado	**sobota** [sobota]
domingo	**neděle** [nɛdelɛ]

Saludos. Presentaciones.

Hola.	**Dobrý den.** [dobri: dɛn]
Encantado /Encantada/ de conocerle.	**Těší mě, že vás poznávám.** [teʃi: mne, ʒe va:s pozna:va:m]
Yo también.	**Mě také.** [mne takɛ:]
Le presento a …	**Rád /Ráda/ bych vás seznámil /seznámila/ …** [ra:d /ra:da/ bɪx va:s sɛzna:mɪl /sɛzna:mɪla/ …]
Encantado.	**Těší mě.** [teʃi: mne]

¿Cómo está?	**Jak se máte?** [jak sɛ ma:tɛ?]
Me llamo …	**Jmenuju se …** [jmɛnuju sɛ …]
Se llama …	**On se jmenuje …** [on sɛ jmɛnujɛ …]
Se llama …	**Ona se jmenuje …** [ona sɛ jmɛnujɛ …]
¿Cómo se llama (usted)?	**Jak se jmenujete?** [jak sɛ jmɛnujɛtɛ?]
¿Cómo se llama (él)?	**Jak se jmenuje?** [jak sɛ jmɛnujɛ?]
¿Cómo se llama (ella)?	**Jak se jmenuje?** [jak sɛ jmɛnujɛ?]

¿Cuál es su apellido?	**Jaké je vaše příjmení?** [jakɛ: jɛ vaʃɛ prʒi:jmɛni:?]
Puede llamarme …	**Můžete mi říkat …** [mu:ʒetɛ mɪ rʒi:kat …]
¿De dónde es usted?	**Odkud jste?** [otkut jstɛ?]
Yo soy de ….	**Jsem z …** [jsɛm s …]
¿A qué se dedica?	**Čím jste?** [tʃi:m jstɛ?]

¿Quién es?	**Kdo to je?** [gdo to jɛ?]
¿Quién es él?	**Kdo je on?** [gdo jɛ on?]

¿Quién es ella?

¿Quiénes son?

Kdo je ona?
[gdo jɛ ona?]

Kdo jsou oni?
[gdo jsou onɪ?]

Este es ...

mi amigo

mi amiga

mi marido

mi mujer

To je ...
[to jɛ ...]

můj přítel
[mu:j prʃi:tɛl]

moje přítelkyně
[mojɛ prʃi:tɛlkɪne]

můj manžel
[mu:j manʒel]

moje manželka
[mojɛ manʒelka]

---

mi padre

mi madre

mi hermano

mi hermana

mi hijo

mi hija

můj otec
[mu:j otɛts]

moje matka
[mojɛ matka]

můj bratr
[mu:j bratr]

moje sestra
[mojɛ sɛstra]

můj syn
[mu:j sɪn]

moje dcera
[mojɛ dtsɛra]

Este es nuestro hijo.

Esta es nuestra hija.

Estos son mis hijos.

Estos son nuestros hijos.

To je náš syn.
[to jɛ na:ʃ sɪn]

To je naše dcera.
[to jɛ naʃɛ dtsɛra]

To jsou moje děti.
[to jsou mojɛ detɪ]

To jsou naše děti.
[to jsou naʃɛ detɪ]

Despedidas

¡Adiós!	**Na shledanou!** [na sxlɛdanou!]
¡Chau!	**Ahoj!** [ahoj!]
Hasta mañana.	**Uvidíme se zítra.** [uvɪdi:mɛ sɛ zi:tra]
Hasta pronto.	**Brzy ahoj.** [brzɪ ahoj]
Te veo a las siete.	**Ahoj v sedm.** [ahoj v sɛdm]
¡Que se diviertan!	**Hezkou zábavu!** [hɛskou za:bavu!]
Hablamos más tarde.	**Promluvíme si později.** [promluvi:mɛ sɪ pozdejɪ]
Que tengas un buen fin de semana.	**Hezký víkend.** [hɛskɪ vi:kɛnt]
Buenas noches.	**Dobrou noc.** [dobrou nots]
Es hora de irme.	**Už musím jít.** [uʒ musi:m ji:t]
Tengo que irme.	**Musím jít.** [musi:m ji:t]
Ahora vuelvo.	**Hned se vrátím.** [hnɛt sɛ vra:ti:m]
Es tarde.	**Je pozdě.** [jɛ pozde]
Tengo que levantarme temprano.	**Musím brzy vstávat.** [musi:m brzɪ vsta:vat]
Me voy mañana.	**Zítra odjíždím.** [zi:tra odji:ʒdi:m]
Nos vamos mañana.	**Zítra odjíždíme.** [zi:tra odji:ʒdi:mɛ]
¡Que tenga un buen viaje!	**Hezký výlet!** [hɛski: vɪlɛt!]
Ha sido un placer.	**Jsem rád /ráda/, že jsem vás poznal /poznala/.** [jsɛm ra:d /ra:da/, ʒe jsɛm va:s poznal /poznala/]

Fue un placer hablar con usted.	**Rád /Ráda/ jsem si s vámi popovídal /popovídala/.** [ra:d /ra:da/ jsɛm sɪ s va:mɪ popovi:dal /popovi:dala/]
Gracias por todo.	**Děkuji vám za všechno.** [dekujɪ va:m za vʃɛxno]

Lo he pasado muy bien.	**Měl /Měla/ jsem se moc dobře.** [mnel /mnela/ jsɛm sɛ mots dobrʒɛ]
Lo pasamos muy bien.	**Měli /Měly/ jsme se moc dobře.** [mnelɪ /mnelɪ/ jsmɛ sɛ mots dobrʒɛ]
Fue genial.	**Bylo to fakt skvělé.** [bɪlo to fakt skvelɛ:]
Le voy a echar de menos.	**Bude se mi po tobě stýskat.** [budɛ sɛ mɪ po tobe sti:skat]
Le vamos a echar de menos.	**Bude se nám po vás stýskat.** [budɛ sɛ na:m po va:s sti:skat]

¡Suerte!	**Hodně štěstí!** [hodne ʃtesti:!]
Saludos a …	**Pozdravuj …** [pozdravuj …]

Idioma extranjero

No entiendo. | **Nerozumím.**
[nɛrozumi:m]

Escríbalo, por favor. | **Napište to, prosím.**
[napɪʃtɛ to, prosi:m]

¿Habla usted ...? | **Mluvíte ...?**
[mluvi:tɛ ...?]

Hablo un poco de ... | **Mluvím trochu ...**
[mluvi:m troxu ...]

inglés | **anglicky**
[anglɪtskɪ]

turco | **turecky**
[turɛtskɪ]

árabe | **arabsky**
[arapskɪ]

francés | **francouzsky**
[frantsouskɪ]

alemán | **německy**
[nemɛtskɪ]

italiano | **italsky**
[ɪtalskɪ]

español | **španělsky**
[ʃpanelskɪ]

portugués | **portugalsky**
[portugalskɪ]

chino | **čínsky**
[tʃi:nskɪ]

japonés | **japonsky**
[japonskɪ]

¿Puede repetirlo, por favor? | **Můžete to prosím zopakovat.**
[mu:ʒetɛ to prosi:m zopakovat]

Lo entiendo. | **Rozumím.**
[rozumi:m]

No entiendo. | **Nerozumím.**
[nɛrozumi:m]

Hable más despacio, por favor. | **Mluvte prosím pomalu.**
[mluftɛ prosi:m pomalu]

¿Está bien? | **Je to správně?**
[jɛ to spra:vne?]

¿Qué es esto? (¿Que significa esto?) | **Co to je?**
[tso to jɛ?]

Disculpas

Perdone, por favor.	**Promiňte, prosím.** [promɪnʲtɛ, prosiːm]
Lo siento.	**Omlouvám se.** [omlouvaːm sɛ]
Lo siento mucho.	**Je mi to opravdu líto.** [jɛ mɪ to opravdu liːto]
Perdón, fue culpa mía.	**Omlouvám se, je to moje chyba.** [omlouvaːm sɛ, jɛ to mojɛ xɪba]
Culpa mía.	**Moje chyba.** [mojɛ xɪba]

¿Puedo ...?	**Můžu ...?** [muːʒu ...?]
¿Le molesta si ...?	**Nevadilo by vám, kdybych ...?** [nɛvadɪlo bɪ vaːm, gdɪbɪx ...?]
¡No hay problema! (No pasa nada.)	**Nic se nestalo.** [nɪts sɛ nɛstalo]
Todo está bien.	**To je v pořádku.** [to jɛ v porʒaːtku]
No se preocupe.	**Tím se netrapte.** [tiːm sɛ nɛtraptɛ]

Acuerdos

Sí.	**Ano.** [ano]
Sí, claro.	**Ano, jistě.** [ano, jɪste]
Bien.	**Dobrá.** [dobra:]
Muy bien.	**Dobře.** [dobrʒɛ]
¡Claro que sí!	**Samozřejmě!** [samozrʒɛjmne!]
Estoy de acuerdo.	**Souhlasím.** [souhlasi:m]

Es verdad.	**To je správně.** [to jɛ spra:vne]
Es correcto.	**To je v pořádku.** [to jɛ v porʒa:tku]
Tiene razón.	**Máte pravdu.** [ma:tɛ pravdu]
No me molesta.	**Nevadí mi to.** [nɛvadi: mɪ to]
Es completamente cierto.	**To je naprosto správně.** [to jɛ naprosto spra:vne]

Es posible.	**Je to možné.** [jɛ to moʒnɛ:]
Es una buena idea.	**To je dobrý nápad.** [to jɛ dobri: na:pat]
No puedo decir que no.	**Nemůžu říct ne.** [nɛmu:ʒu rʒi:tst nɛ]
Estaré encantado /encantada/.	**Hrozně rád /ráda/.** [hrozne ra:d /ra:da/]
Será un placer.	**S radostí.** [s radosti:]

Rechazo. Expresar duda

No.	**Ne.** [nɛ]
Claro que no.	**Určitě ne.** [urtʃɪte nɛ]
No estoy de acuerdo.	**Nesouhlasím.** [nɛsouhlasi:m]
No lo creo.	**Myslím, že ne.** [mɪsli:m, ʒe nɛ]
No es verdad.	**To není pravda.** [to nɛni: pravda]

No tiene razón.	**Mýlíte se.** [mɪli:tɛ sɛ]
Creo que no tiene razón.	**Myslím, že se mýlíte.** [mɪsli:m, ʒe sɛ mi:li:tɛ]
No estoy seguro /segura/.	**Nejsem si jist /jista/.** [nɛjsɛm sɪ jɪst /jɪsta/]
No es posible.	**To je nemožné.** [to jɛ nɛmoʒnɛ:]
¡Nada de eso!	**Nic takového!** [nɪts takovɛ:ho!]

Justo lo contrario.	**Přesně naopak.** [prʃɛsne naopak]
Estoy en contra de ello.	**Jsem proti.** [jsɛm protɪ]
No me importa. (Me da igual.)	**Je mi to jedno.** [jɛ mɪ to jɛdno]
No tengo ni idea.	**Nemám ani ponětí.** [nɛma:m anɪ poneti:]
Dudo que sea así.	**To pochybuju.** [to poxɪbuju]

Lo siento, no puedo.	**Bohužel, nemůžu.** [bohuʒel, nɛmu:ʒu]
Lo siento, no quiero.	**Bohužel, nechci.** [bohuʒel, nɛxtsɪ]
Gracias, pero no lo necesito.	**Děkuju, ale to já nepotřebuju.** [dekuju, alɛ to ja: nɛpotrʒɛbuju]
Ya es tarde.	**Už je pozdě.** [uʒ jɛ pozde]

Tengo que levantarme temprano.

Musím brzy vstávat.
[musi:m brzɪ vsta:vat]

Me encuentro mal.

Necítím se dobře.
[nɛtsi:ti:m sɛ dobrʒɛ]

Expresar gratitud

Gracias.	**Děkuju.** [dekuju]
Muchas gracias.	**Děkuju mockrát.** [dekuju motskra:t]
De verdad lo aprecio.	**Opravdu si toho vážím.** [opravdu sɪ toho va:ʒi:m]
Se lo agradezco.	**Jsem vám opravdu vděčný /vděčná/.** [jsɛm va:m opravdu vdetʃni: /vdetʃna:/]
Se lo agradecemos.	**Jsme vám opravdu vděční.** [jsmɛ va:m opravdu vdetʃni:]
Gracias por su tiempo.	**Děkuju za váš čas.** [dekuju za va:ʃ tʃas]
Gracias por todo.	**Děkuju za všechno.** [dekuju za vʃɛxno]
Gracias por ...	**Děkuju za ...** [dekuju za ...]
su ayuda	**vaši pomoc** [vaʃɪ pomots]
tan agradable momento	**příjemně strávený čas** [prʒi:jɛme stra:vɛnɪ tʃas]
una comida estupenda	**skvělé jídlo** [skvelɛ: ji:dlo]
una velada tan agradable	**příjemný večer** [prʒi:jɛmnɪ vɛtʃer]
un día maravilloso	**nádherný den** [na:dhɛrni: dɛn]
un viaje increíble	**úžasnou cestu** [u:ʒasnou tsɛstu]
No hay de qué.	**To nestojí za řeč.** [to nɛstoji: za rʒɛtʃ]
De nada.	**Není zač.** [nɛni: zatʃ]
Siempre a su disposición.	**Je mi potěšením.** [jɛ mɪ poteʃɛni:m]
Encantado /Encantada/ de ayudarle.	**S radostí.** [s radosti:]
No hay de qué.	**To nestojí za řeč.** [to nɛstoji: za rʒɛtʃ]
No tiene importancia.	**Tím se netrapte.** [ti:m sɛ nɛtraptɛ]

Felicitaciones , Mejores Deseos

¡Felicidades!	**Blahopřeju!** [blahoprʒɛju!]
¡Feliz Cumpleaños!	**Všechno nejlepší k narozeninám!** [vʃɛxno nɛjlɛpʃi k narozɛnɪna:m!]
¡Feliz Navidad!	**Veselé Vánoce!** [vɛsɛlɛ: vaːnotsɛ!]
¡Feliz Año Nuevo!	**Šťastný nový rok!** [ʃtʲastni: novi: rok!]

¡Felices Pascuas!	**Veselé Velikonoce!** [vɛsɛlɛ: vɛlɪkonotsɛ!]
¡Feliz Hanukkah!	**Šťastnou Chanuku!** [ʃtʲastnou xanuku!]

Quiero brindar.	**Chtěl /Chtěla/ bych pronést přípitek.** [xtel /xtela/ bɪx pronɛːst prʒiːpɪtɛk]
¡Salud!	**Na zdraví!** [na zdraviː!]
¡Brindemos por ...!	**Pojďme se napít na ...!** [pojdʲmɛ sɛ napiːt na ...!]
¡A nuestro éxito!	**Na náš úspěch!** [na naːʃ uːspex!]
¡A su éxito!	**Na váš úspěch!** [na vaːʃ uːspex!]

¡Suerte!	**Hodně štěstí!** [hodne ʃtesti:!]
¡Que tenga un buen día!	**Hezký den!** [hɛski: dɛn!]
¡Que tenga unas buenas vacaciones!	**Hezkou dovolenou!** [hɛskou dovolɛnou!]
¡Que tenga un buen viaje!	**Šťastnou cestu!** [ʃtʲastnou tsɛstu!]
¡Espero que se recupere pronto!	**Doufám, že se brzy uzdravíte!** [doufaːm, ʒɛ sɛ brzɪ uzdraviːtɛ!]

Socializarse

¿Por qué está triste?

Proč jste smutný /smutná/?
[protʃ jstɛ smutni: /smutna:/?]

¡Sonría! ¡Anímese!

Usmějte se! Hlavu vzhůru!
[usmnejtɛ sɛ! hlavu vzhu:ru!]

¿Está libre esta noche?

Máte dnes večer čas?
[ma:tɛ dnɛs vɛtʃɛr tʃas?]

¿Puedo ofrecerle algo de beber?

Můžu vám nabídnout něco k pití?
[mu:ʒu va:m nabi:dnout netso k pɪti:?]

¿Querría bailar conmigo?

Smím prosít?
[smi:m prosi:t?]

Vamos a ir al cine.

Nechcete jít do kina?
[nɛxtsɛtɛ ji:t do kɪna?]

¿Puedo invitarle a …?

Můžu vás pozvat …?
[mu:ʒu va:s pozvat …?]

un restaurante

do restaurace
[do rɛstauratsɛ]

el cine

do kina
[do kɪna]

el teatro

do divadla
[do dɪvadla]

dar una vuelta

na procházku
[na proxa:sku]

¿A qué hora?

V kolik hodin?
[v kolɪk hodɪn?]

esta noche

dnes večer
[dnɛs vɛtʃɛr]

a las seis

v šest
[v ʃɛst]

a las siete

v sedm
[v sɛdm]

a las ocho

v osm
[v osm]

a las nueve

v devět
[v dɛvet]

¿Le gusta este lugar?

Líbí se vám tady?
[li:bi: sɛ va:m tadɪ?]

¿Está aquí con alguien?

Jste tady s někým?
[jstɛ tadɪ s neki:m?]

Estoy con mi amigo /amiga/.

Jsem tady s přítelem /přítelkyní/.
[jsɛm tadɪ s prʒi:tɛlɛm /prʒi:tɛlkɪni:/]

Estoy con amigos.	**Jsem tady s přáteli.** [jsɛm tadɪ s prʒaːtɛlɪ]
No, estoy solo /sola/.	**Ne, jsem tady sám /sama/.** [nɛ, jsɛm tadɪ saːm /sama/]

¿Tienes novio?	**Máš přítele?** [maːʃ prʃiːtɛlɛ?]
Tengo novio.	**Mám přítele.** [maːm prʃiːtɛlɛ]
¿Tienes novia?	**Máš přítelkyni?** [maːʃ prʃiːtɛlkɪnɪ?]
Tengo novia.	**Mám přítelkyni.** [maːm prʃiːtɛlkɪnɪ]

¿Te puedo volver a ver?	**Můžu tě zase vidět?** [muːʒu te zasɛ vɪdet?]
¿Te puedo llamar?	**Můžu ti zavolat?** [muːʒu tɪ zavolat?]
Llámame.	**Zavolej mi.** [zavolɛj mɪ]
¿Cuál es tu número?	**Jaké je tvoje číslo?** [jakɛ: jɛ tvojɛ tʃiːslo?]
Te echo de menos.	**Stýská se mi po tobě.** [stiːska: sɛ mɪ po tobe]

¡Qué nombre tan bonito!	**Máte krásné jméno.** [maːtɛ kraːsnɛ: jmɛːno]
Te quiero.	**Miluju tě.** [mɪluju te]
¿Te casarías conmigo?	**Vezmeš si mě?** [vɛzmɛʃ sɪ mne?]
¡Está de broma!	**Děláte si legraci!** [delaːtɛ sɪ lɛgratsɪ!]
Sólo estoy bromeando.	**Žertoval /Žertovala/ jsem.** [ʒertoval /ʒertovala/ jsɛm]

¿En serio?	**Myslíte to vážně?** [mɪsliːtɛ to vaːʒne?]
Lo digo en serio.	**Myslím to vážně.** [mɪsliːm to vaːʒne]
¿De verdad?	**Opravdu?!** [opravdu?!]
¡Es increíble!	**To je neuvěřitelné!** [to jɛ nɛuverʒɪtɛlnɛː!]
No le creo.	**Nevěřím vám.** [nɛverʒiːm vaːm]
No puedo.	**Nemůžu.** [nɛmuːʒu]
No lo sé.	**Nevím.** [nɛviːm]
No le entiendo.	**Nerozumím vám.** [nɛrozumiːm vaːm]

Váyase, por favor.	**Odejděte prosím.**
	[odɛjdetɛ prosi:m]
¡Déjeme en paz!	**Nechte mě na pokoji!**
	[nɛxtɛ mne na pokojɪ!]

Es inaguantable.	**Nesnáším ho.**
	[nɛsna:ʃi:m ho]
¡Es un asqueroso!	**Jste odporný!**
	[jstɛ otporni:!]
¡Llamaré a la policía!	**Zavolám policii!**
	[zavola:m polɪtsɪjɪ!]

Compartir impresiones. Emociones

Me gusta.	**Líbí se mi to.** [li:bi: sɛ mɪ to]
Muy lindo.	**Moc pěkné.** [mots peknɛ:]
¡Es genial!	**To je skvělé!** [to jɛ skvelɛ:!]
No está mal.	**To není špatné.** [to nɛni: ʃpatnɛ:]

No me gusta.	**Nelíbí se mi to.** [nɛli:bi: sɛ mɪ to]
No está bien.	**To není dobře.** [to nɛni: dobrʒɛ]
Está mal.	**To je špatné.** [to jɛ ʃpatnɛ:]
Está muy mal.	**Je to moc špatné.** [jɛ to mots ʃpatnɛ:]
¡Qué asco!	**To je odporné.** [to jɛ otpornɛ:]

Estoy feliz.	**Jsem šťastný /šťastná/.** [jsɛm ʃťastni: /ʃťastna:/]
Estoy contento /contenta/.	**Jsem spokojený /spokojená/.** [jsɛm spokojɛni: /spokojɛna:/]
Estoy enamorado /enamorada/.	**Jsem zamilovaný /zamilovaná/.** [jsɛm zamɪlovani: /zamɪlovana:/]
Estoy tranquilo.	**Jsem klidný /klidná/.** [jsɛm klɪdni: /klɪdna:/]
Estoy aburrido.	**Nudím se.** [nudi:m sɛ]

Estoy cansado /cansada/.	**Jsem unavený /unavená/.** [jsɛm unavɛni: /unavɛna:/]
Estoy triste.	**Jsem smutný /smutná/.** [jsɛm smutni: /smutna:/]
Estoy asustado.	**Jsem vystrašený /vystrašená/.** [jsɛm vɪstraʃɛni: /vɪstraʃɛna:/]
Estoy enfadado /enfadada/.	**Zlobím se.** [zlobi:m sɛ]

Estoy preocupado /preocupada/.	**Mám starosti.** [ma:m starostɪ]
Estoy nervioso /nerviosa/.	**Jsem nervózní.** [jsɛm nɛrvo:zni:]

Estoy celoso /celosa/.   **Žárlím.**
                                          [ʒaːrliːm]

Estoy sorprendido /sorprendida/.   **Jsem překvapený /překvapená/.**
                                          [jsɛm prʒɛkvapɛniː /prʒɛkvapɛnaː/]

Estoy perplejo /perpleja/.   **Jsem zmatený /zmatená/.**
                                          [jsɛm zmatɛniː /zmatɛnaː/]

Problemas, Accidentes

Tengo un problema.	**Mám problém.** [ma:m problɛ:m]
Tenemos un problema.	**Máme problém.** [ma:mɛ problɛ:m]
Estoy perdido /perdida/.	**Ztratil /Ztratila/ jsem se.** [stratɪl /stratɪla/ jsɛm sɛ]
Perdí el último autobús (tren).	**Zmeškal /Zmeškala/ jsem poslední autobus (vlak).** [zmɛʃkal /zmɛʃkala/ jsɛm poslɛdni: autobus (vlak)]
No me queda más dinero.	**Už nemám žádné peníze.** [uʒ nɛma:m ʒa:dnɛ: pɛni:zɛ]
He perdido ...	**Ztratil /Ztratila/ jsem ...** [stratɪl /stratɪla/ jsɛm ...]
Me han robado ...	**Někdo mi ukradl ...** [nɛgdo mɪ ukradl ...]
mi pasaporte	**pas** [pas]
mi cartera	**peněženku** [pɛneʒeŋku]
mis papeles	**dokumenty** [dokumɛntɪ]
mi billete	**vstupenku** [vstupɛŋku]
mi dinero	**peníze** [pɛni:zɛ]
mi bolso	**kabelku** [kabɛlku]
mi cámara	**fotoaparát** [fotoapara:t]
mi portátil	**počítač** [potʃi:tatʃ]
mi tableta	**tablet** [tablɛt]
mi teléfono	**mobilní telefon** [mobɪlni: tɛlɛfon]
¡Ayúdeme!	**Pomozte mi!** [pomoztɛ mɪ!]
¿Qué pasó?	**Co se stalo?** [tso sɛ stalo?]

el incendio	**požár** [poʒaːr]
un tiroteo	**střelba** [strʒɛlba]
el asesinato	**vražda** [vraʒda]
una explosión	**výbuch** [viːbux]
una pelea	**rvačka** [rvatʃka]

¡Llame a la policía!	**Zavolejte policii!** [zavolɛjtɛ polɪtsɪjɪ!]
¡Más rápido, por favor!	**Pospěšte si prosím!** [pospeʃtɛ sɪ prosiːm!]
Busco la comisaría.	**Hledám policejní stanici.** [hlɛdaːm polɪtsɛjniː stanɪtsɪ]
Tengo que hacer una llamada.	**Potřebuju si zavolat.** [potrʒɛbuju sɪ zavolat]
¿Puedo usar su teléfono?	**Můžu si od vás zavolat?** [muːʒu sɪ od vaːs zavolat?]

Me han ...	**Byl /Byla/ jsem ...** [bɪl /bɪla/ jsɛm ...]
asaltado /asaltada/	**přepaden /přepadena/** [prʃɛpadɛn /prʃɛpadɛna/]
robado /robada/	**oloupen /oloupena/** [oloupɛn /oloupɛna/]
violada	**znásilněna** [znaːsɪlnena]
atacado /atacada/	**napaden /napadena/** [napadɛn /napadɛna/]

¿Se encuentra bien?	**Jste v pořádku?** [jstɛ v porʒaːtku?]
¿Ha visto quien a sido?	**Viděl /Viděla/ jste, kdo to byl?** [vɪdel /vɪdela/ jstɛ, gdo to bɪl?]
¿Sería capaz de reconocer a la persona?	**Poznal /Poznala/ byste toho člověka?** [poznal /poznala/ bɪstɛ toho tʃloveka?]
¿Está usted seguro?	**Jste si tím jist /jista/?** [jstɛ sɪ tiːm jɪst /jɪsta/?]

Por favor, cálmese.	**Uklidněte se, prosím.** [uklɪdnetɛ sɛ, prosiːm]
¡Cálmese!	**Uklidněte se!** [uklɪdnetɛ sɛ!]
¡No se preocupe!	**Nebojte se!** [nɛbojtɛ sɛ!]
Todo irá bien.	**Všechno bude v pořádku.** [vʃɛxno budɛ v porʒaːtku]
Todo está bien.	**Vše v pořádku.** [vʃɛ v porʒaːtku]

Venga aquí, por favor.

Pojďte sem, prosím.
[pojdᵗɛ sɛm, prosi:m]

Tengo unas preguntas para usted.

Mám na vás několik otázek.
[ma:m na va:s nekolɪk ota:zɛk]

Espere un momento, por favor.

Okamžik, prosím.
[okamʒɪk, prosi:m]

¿Tiene un documento de identidad?

Máte nějaký průkaz totožnosti?
[ma:tɛ nejaki: pru:kaz totoʒnostɪ?]

Gracias. Puede irse ahora.

Díky. Teď můžete odejít.
[di:kɪ. tɛdʲ mu:ʒetɛ odɛji:t]

¡Manos detrás de la cabeza!

Ruce za hlavu!
[rutsɛ za hlavu!]

¡Está arrestado!

Jste zatčen /zatčena/!
[jstɛ zattʃɛn /zattʃɛna/!]

Problemas de salud

Ayudeme, por favor.	**Prosím vás, pomozte mi.** [prosi:m va:s, pomoztɛ mɪ]
No me encuentro bien.	**Necítím se dobře.** [nɛtsi:ti:m sɛ dobrʒɛ]
Mi marido no se encuentra bien.	**Můj manžel se necítí dobře.** [mu:j manʒel sɛ nɛtsi:ti: dobrʒe]
Mi hijo ...	**Můj syn ...** [mu:j sɪn ...]
Mi padre ...	**Můj otec ...** [mu:j otɛts ...]
Mi mujer no se encuentra bien.	**Moje manželka se necítí dobře.** [mojɛ manʒelka sɛ nɛtsi:ti: dobrʒe]
Mi hija ...	**Moje dcera ...** [mojɛ dtsɛra ...]
Mi madre ...	**Moje matka ...** [mojɛ matka ...]
Me duele ...	**Bolí mě ...** [boli: mne ...]
la cabeza	**hlava** [hlava]
la garganta	**v krku** [v krku]
el estómago	**žaludek** [ʒaludɛk]
un diente	**zub** [zup]
Estoy mareado.	**Mám závratě.** [ma:m za:vrate]
Él tiene fiebre.	**On má horečku.** [on ma: horɛtʃku]
Ella tiene fiebre.	**Ona má horečku.** [ona ma: horɛtʃku]
No puedo respirar.	**Nemůžu dýchat.** [nɛmu:ʒu di:xat]
Me ahogo.	**Nemůžu se nadechnout.** [nɛmu:ʒu sɛ nadɛxnout]
Tengo asma.	**Jsem astmatik /astmatička/.** [jsɛm astmatɪk /astmatɪtʃka/]
Tengo diabetes.	**Jsem diabetik /diabetička/.** [jsɛm dɪabɛtɪk /dɪabɛtɪtʃka/]

No puedo dormir.	**Nemůžu spát.** [nɛmu:ʒu spa:t]
intoxicación alimentaria	**otrava z jídla** [otrava z ji:dla]

Me duele aquí.	**Tady to bolí.** [tadɪ to boli:]
¡Ayúdeme!	**Pomozte mi!** [pomoztɛ mɪ!]
¡Estoy aquí!	**Tady jsem!** [tadɪ jsɛm!]
¡Estamos aquí!	**Tady jsme!** [tadɪ jsmɛ!]
¡Saquenme de aquí!	**Dostaňte mě odtud!** [dostanʲtɛ mne odtut!]
Necesito un médico.	**Potřebuju doktora.** [potrʒɛbuju doktora]
No me puedo mover.	**Nemůžu se hýbat.** [nɛmu:ʒu sɛ hi:bat]
No puedo mover mis piernas.	**Nemůžu hýbat nohama.** [nɛmu:ʒu hi:bat nohama]

Tengo una herida.	**Jsem zraněný /zraněná/.** [jsɛm zraneni: /zranena:/]
¿Es grave?	**Je to vážné?** [jɛ to va:ʒnɛ:?]
Mis documentos están en mi bolsillo.	**Doklady mám v kapse.** [dokladɪ ma:m v kapsɛ]
¡Cálmese!	**Uklidněte se!** [uklɪdnetɛ sɛ!]
¿Puedo usar su teléfono?	**Můžu si od vás zavolat?** [mu:ʒu sɪ od va:s zavolat?]

¡Llame a una ambulancia!	**Zavolejte sanitku!** [zavolɛjtɛ sanɪtku!]
¡Es urgente!	**Je to urgentní!** [jɛ to urgɛntni:!]
¡Es una emergencia!	**To je pohotovost!** [to jɛ pohotovost!]
¡Más rápido, por favor!	**Prosím vás, pospěšte si!** [prosi:m va:s, pospeʃtɛ sɪ!]
¿Puede llamar a un médico, por favor?	**Zavolal /Zavolala/ byste prosím lékaře?** [zavolal /zavolala/ bɪstɛ prosi:m lɛ:karʒɛ?]
¿Dónde está el hospital?	**Kde je nemocnice?** [gdɛ jɛ nɛmotsnɪtsɛ?]

¿Cómo se siente?	**Jak se cítíte?** [jak sɛ tsi:ti:tɛ?]
¿Se encuentra bien?	**Jste v pořádku?** [jstɛ v porʒa:tku?]

¿Qué pasó?

Co se stalo?
[tso sɛ stalo?]

Me encuentro mejor.

Teď už se cítím líp.
[tɛdʲ uʒ sɛ tsiːtiːm liːp]

Está bien.

To je v pořádku.
[to jɛ v porʒaːtku]

Todo está bien.

To je v pořádku.
[to jɛ v porʒaːtku]

En la farmacia

la farmacia	**lékárna** [lɛ:ka:rna]
la farmacia 24 horas	**non-stop lékárna** [non-stop lɛ:ka:rna]
¿Dónde está la farmacia más cercana?	**Kde je nejbližší lékárna?** [gdɛ jɛ nɛjblɪʒʃiː lɛ:ka:rna?]

¿Está abierta ahora?	**Mají teď otevřeno?** [maji: tɛdʲ otɛvrʒɛno?]
¿A qué hora abre?	**V kolik hodin otvírají?** [v kolɪk hodɪn otvi:raji:?]
¿A qué hora cierra?	**V kolik hodin zavírají?** [v kolɪk hodɪn zavi:raji:?]

¿Está lejos?	**Je to daleko?** [jɛ to dalɛko?]
¿Puedo llegar a pie?	**Dostanu se tam pěšky?** [dostanu sɛ tam pɛʃkɪ?]
¿Puede mostrarme en el mapa?	**Můžete mi to ukázat na mapě?** [mu:ʒɛtɛ mɪ to uka:zat na mape?]

Por favor, deme algo para ...	**Můžete mi prosím vás dát něco na ...** [mu:ʒɛtɛ mɪ prosi:m va:s da:t netso na]
un dolor de cabeza	**bolení hlavy** [bolɛni: hlavɪ]
la tos	**kašel** [kaʃɛl]
el resfriado	**nachlazení** [naxlazɛni:]
la gripe	**chřipka** [xrʃɪpka]

la fiebre	**horečka** [horɛtʃka]
un dolor de estomago	**bolesti v žaludku** [bolɛstɪ v ʒalutku]
nauseas	**nucení na zvracení** [nutsɛni: na zvratsɛni:]
la diarrea	**průjem** [pru:jɛm]
el estreñimiento	**zácpa** [za:tspa]
un dolor de espalda	**bolest v zádech** [bolɛst v za:dɛx]

un dolor de pecho	**bolest na hrudi** [bolɛst na hrudɪ]
el flato	**boční steh** [botʃni: stɛh]
un dolor abdominal	**bolest břicha** [bolɛst brʒɪxa]

la píldora	**pilulka** [pɪlulka]
la crema	**mast, krém** [mast, krɛ:m]
el jarabe	**sirup** [sɪrup]
el spray	**sprej** [sprɛj]
las gotas	**kapky** [kapkɪ]

Tiene que ir al hospital.	**Musíte jít do nemocnice.** [musi:tɛ ji:t do nɛmotsnɪtsɛ]
el seguro de salud	**zdravotní pojištění** [zdravotni: pojɪʃteni:]
la receta	**předpis** [prʃɛtpɪs]
el repelente de insectos	**repelent proti hmyzu** [rɛpɛlɛnt protɪ hmɪzu]
la curita	**náplast** [na:plast]

Lo más imprescindible

Perdone, ...

Promiňte, ...
[promɪnʲtɛ, ...]

Hola.

Dobrý den.
[dobriː dɛn]

Gracias.

Děkuji.
[dekujɪ]

Sí.

Ano.
[ano]

No.

Ne.
[nɛ]

No lo sé.

Nevím.
[nɛviːm]

¿Dónde? | ¿A dónde? | ¿Cuándo?

Kde? | Kam? | Kdy?
[gdɛ? | kam? | gdɪ?]

Necesito ...

Potřebuju ...
[potrʒɛbuju ...]

Quiero ...

Chci ...
[xtsɪ ...]

¿Tiene ...?

Máte ...?
[maːtɛ ...?]

¿Hay ... por aquí?

Je tady ...?
[jɛ tadɪ ...?]

¿Puedo ...?

Můžu ...?
[muːʒu ...?]

..., por favor? (petición educada)

..., prosím
[..., prosiːm]

Busco ...

Hledám ...
[hlɛdaːm ...]

el servicio

toaletu
[toalɛtu]

un cajero automático

bankomat
[baŋkomat]

una farmacia

lékárnu
[lɛːkaːrnu]

el hospital

nemocnici
[nɛmotsnɪtsɪ]

la comisaría

policejní stanici
[polɪtsɛjniː stanɪtsɪ]

el metro

metro
[mɛtro]

un taxi	**taxík** [taksi:k]
la estación de tren	**vlakové nádraží** [vlakovɛ: na:draʒi:]

Me llamo …	**Jmenuju se …** [jmɛnuju sɛ …]
¿Cómo se llama?	**Jak se jmenujete?** [jak sɛ jmɛnujɛtɛ?]
¿Puede ayudarme, por favor?	**Můžete mi prosím pomoct?** [mu:ʒetɛ mɪ prosi:m pomotst?]
Tengo un problema.	**Mám problém.** [ma:m problɛ:m]
Me encuentro mal.	**Necítím se dobře.** [nɛtsi:ti:m sɛ dobrʒɛ]
¡Llame a una ambulancia!	**Zavolejte sanitku!** [zavolɛjtɛ sanɪtku!]
¿Puedo llamar, por favor?	**Můžu si zavolat?** [mu:ʒu sɪ zavolat?]

Lo siento.	**Omlouvám se.** [omlouva:m sɛ]
De nada.	**Není zač.** [nɛni: zatʃ]

Yo	**Já** [ja:]
tú	**ty** [tɪ]
él	**on** [on]
ella	**ona** [ona]
ellos	**oni** [onɪ]
ellas	**ony** [onɪ]
nosotros /nosotras/	**my** [mɪ]
ustedes, vosotros	**vy** [vɪ]
usted	**vy** [vɪ]

ENTRADA	**VCHOD** [vxot]
SALIDA	**VÝCHOD** [vi:xot]
FUERA DE SERVICIO	**MIMO PROVOZ** [mɪmo provos]
CERRADO	**ZAVŘENO** [zavrʒɛno]

ABIERTO	**OTEVŘENO** [otɛvrʒɛno]
PARA SEÑORAS	**ŽENY** [ʒenɪ]
PARA CABALLEROS	**MUŽI** [muʒɪ]

T&P BOOKS

MINI DICCIONARIO

Esta sección contiene 250
palabras útiles necesarias
para la comunicación diaria.
Encontrará ahí los nombres
de los meses y de los días
de la semana.
El diccionario también
contiene temas relevantes
tales como colores, medidas,
familia, y más

T&P Books Publishing

CONTENIDO
DEL DICCIONARIO

T&P Books Publishing

tiempo (m)	**čas** (m)	[ʧas]
hora (f)	**hodina** (ž)	[hodɪna]
media hora (f)	**půlhodina** (ž)	[puːlhodɪna]
minuto (m)	**minuta** (ž)	[mɪnuta]
segundo (m)	**sekunda** (ž)	[sɛkunda]
hoy (adv)	**dnes**	[dnɛs]
mañana (adv)	**zítra**	[ziːtra]
ayer (adv)	**včera**	[vʧɛra]
lunes (m)	**pondělí** (s)	[pondeliː]
martes (m)	**úterý** (s)	[uːtɛriː]
miércoles (m)	**středa** (ž)	[strʃɛda]
jueves (m)	**čtvrtek** (m)	[ʧtvrtɛk]
viernes (m)	**pátek** (m)	[paːtɛk]
sábado (m)	**sobota** (ž)	[sobota]
domingo (m)	**neděle** (ž)	[nɛdelɛ]
día (m)	**den** (m)	[dɛn]
día (m) de trabajo	**pracovní den** (m)	[praʦovniː dɛn]
día (m) de fiesta	**sváteční den** (m)	[svaːtɛʧni dɛn]
fin (m) de semana	**víkend** (m)	[viːkɛnt]
semana (f)	**týden** (m)	[tiːdɛn]
semana (f) pasada	**minulý týden**	[mɪnuli tiːdɛn]
semana (f) que viene	**příští týden**	[prʃiːʃti tiːdɛn]
por la mañana	**ráno**	[raːno]
por la tarde	**odpoledne**	[otpolɛdnɛ]
por la noche	**večer**	[vɛʧɛr]
esta noche	**dnes večer**	[dnɛs vɛʧɛr]
(p.ej. 8:00 p.m.)		
por la noche	**v noci**	[v noʦɪ]
medianoche (f)	**půlnoc** (ž)	[puːlnoʦ]
enero (m)	**leden** (m)	[lɛdɛn]
febrero (m)	**únor** (m)	[uːnor]
marzo (m)	**březen** (m)	[brʒɛzɛn]
abril (m)	**duben** (m)	[dubɛn]
mayo (m)	**květen** (m)	[kvetɛn]
junio (m)	**červen** (m)	[ʧɛrvɛn]
julio (m)	**červenec** (m)	[ʧɛrvɛnɛʦ]
agosto (m)	**srpen** (m)	[srpɛn]

septiembre (m)	září (s)	[zaːrʒiː]
octubre (m)	říjen (m)	[rʒiːjɛn]
noviembre (m)	listopad (m)	[lɪstopat]
diciembre (m)	prosinec (m)	[prosɪnɛts]

en primavera	na jaře	[na jarʒɛ]
en verano	v létě	[v lɛːte]
en otoño	na podzim	[na podzɪm]
en invierno	v zimě	[v zɪmne]

mes (m)	měsíc (m)	[mnesiːts]
estación (f)	období (s)	[obdobiː]
año (m)	rok (m)	[rok]

2. Números. Los numerales

cero	nula (ž)	[nula]
uno	jeden	[jɛdɛn]
dos	dva	[dva]
tres	tři	[trʃɪ]
cuatro	čtyři	[tʃtɪrʒɪ]

cinco	pět	[pet]
seis	šest	[ʃɛst]
siete	sedm	[sɛdm]
ocho	osm	[osm]
nueve	devět	[dɛvet]
diez	deset	[dɛsɛt]

once	jedenáct	[jɛdɛnaːtst]
doce	dvanáct	[dvanaːtst]
trece	třináct	[trʃɪnaːtst]
catorce	čtrnáct	[tʃtrnaːtst]
quince	patnáct	[patnaːtst]

dieciséis	šestnáct	[ʃɛstnaːtst]
diecisiete	sedmnáct	[sɛdmnaːtst]
dieciocho	osmnáct	[osmnaːtst]
diecinueve	devatenáct	[dɛvatɛnaːtst]

veinte	dvacet	[dvatsɛt]
treinta	třicet	[trʃɪtsɛt]
cuarenta	čtyřicet	[tʃtɪrʒɪtsɛt]
cincuenta	padesát	[padesaːt

sesenta	šedesát	[ʃɛdɛsaːt
setenta	sedmdesát	[sɛdmdɛsaːt
ochenta	osmdesát	[osmdɛsaːt
noventa	devadesát	[dɛvadɛsaːt
cien	sto	[sto]

doscientos	dvě stě	[dve ste]
trescientos	tři sta	[trʃɪ sta]
cuatrocientos	čtyři sta	[ʧtɪrʒɪ sta]
quinientos	pět set	[pet sɛt]

seiscientos	šest set	[ʃɛst sɛt]
setecientos	sedm set	[sɛdm sɛt]
ochocientos	osm set	[osm sɛt]
novecientos	devět set	[dɛvet sɛt]
mil	tisíc (m)	[tɪsi:ʦ]

| diez mil | deset tisíc | [dɛsɛt tɪsi:ʦ] |
| cien mil | sto tisíc | [sto tɪsi:ʦ] |

| millón (m) | milión (m) | [mɪlɪo:n] |
| mil millones | miliarda (ž) | [mɪlɪarda] |

3. El ser humano. Los familiares

hombre (m) (varón)	muž (m)	[muʃ]
joven (m)	jinoch (m)	[jɪnox]
mujer (f)	žena (ž)	[ʒena]
muchacha (f)	slečna (ž)	[slɛʧna]
anciano (m)	stařec (m)	[starʒɛʦ]
anciana (f)	stařena (ž)	[starʒena]

madre (f)	matka (ž)	[matka]
padre (m)	otec (m)	[otɛʦ]
hijo (m)	syn (m)	[sɪn]
hija (f)	dcera (ž)	[dʦɛra]
hermano (m)	bratr (m)	[bratr]
hermana (f)	sestra (ž)	[sɛstra]

padres (pl)	rodiče (m mn)	[rodɪʧɛ]
niño -a (m, f)	dítě (s)	[di:te]
niños (pl)	děti (ž mn)	[detɪ]
madrastra (f)	nevlastní matka (ž)	[nɛvlastni: matka]
padrastro (m)	nevlastní otec (m)	[nɛvlastni: otɛʦ]

abuela (f)	babička (ž)	[babɪʧka]
abuelo (m)	dědeček (m)	[dedɛʧɛk]
nieto (m)	vnuk (m)	[vnuk]
nieta (f)	vnučka (ž)	[vnuʧka]
nietos (pl)	vnuci (m mn)	[vnuʦɪ]

tío (m)	strýc (m)	[stri:ʦ]
tía (f)	teta (ž)	[tɛta]
sobrino (m)	synovec (m)	[sɪnovɛʦ]
sobrina (f)	neteř (ž)	[nɛtɛrʃ]
mujer (f)	žena (ž)	[ʒena]

marido (m)	muž (m)	[muʃ]
casado (adj)	ženatý	[ʒenati:]
casada (adj)	vdaná	[vdana:]
viuda (f)	vdova (ž)	[vdova]
viudo (m)	vdovec (m)	[vdovɛts]

| nombre (m) | jméno (s) | [jmɛ:no] |
| apellido (m) | příjmení (s) | [prʃi:jmɛni:] |

pariente (m)	příbuzný (m)	[prʃi:buzni:]
amigo (m)	přítel (m)	[prʃi:tɛl]
amistad (f)	přátelství (s)	[prʃa:tɛlstvi:]

compañero (m)	partner (m)	[partnɛr]
superior (m)	vedoucí (m)	[vɛdoutsi:]
colega (m, f)	kolega (m)	[kolɛga]
vecinos (pl)	sousedé (m mn)	[sousɛdɛ:]

4. El cuerpo. La anatomía humana

cuerpo (m)	tělo (s)	[telo]
corazón (m)	srdce (s)	[srdtsɛ]
sangre (f)	krev (ž)	[krɛf]
cerebro (m)	mozek (m)	[mozɛk]

hueso (m)	kost (ž)	[kost]
columna (f) vertebral	páteř (ž)	[pa:tɛrʃ]
costilla (f)	žebro (s)	[ʒebro]
pulmones (m pl)	plíce (ž mn)	[pli:tsɛ]
piel (f)	pleť (ž)	[plɛtʲ]

cabeza (f)	hlava (ž)	[hlava]
cara (f)	obličej (ž)	[oblɪtʃɛj]
nariz (f)	nos (m)	[nos]
frente (f)	čelo (s)	[tʃɛlo]
mejilla (f)	tvář (ž)	[tva:rʃ]

boca (f)	ústa (s mn)	[u:sta]
lengua (f)	jazyk (m)	[jazɪk]
diente (m)	zub (m)	[zup]
labios (m pl)	rty (m mn)	[rtɪ]
mentón (m)	brada (ž)	[brada]

oreja (f)	ucho (s)	[uxo]
cuello (m)	krk (m)	[krk]
ojo (m)	oko (s)	[oko]
pupila (f)	zornice (ž)	[zornɪtsɛ]
ceja (f)	obočí (s)	[obotʃi:]
pestaña (f)	řasa (ž)	[rʒasa]
pelo, cabello (m)	vlasy (m mn)	[vlasɪ]

peinado (m)	účes (m)	[u:tʃɛs]
bigote (m)	vousy (m mn)	[vousɪ]
barba (f)	plnovous (m)	[plnovous]
tener (~ la barba)	nosit	[nosɪt]
calvo (adj)	lysý	[lɪsi:]
mano (f)	ruka (ž)	[ruka]
brazo (m)	ruka (ž)	[ruka]
dedo (m)	prst (m)	[prst]
uña (f)	nehet (m)	[nɛhɛt]
palma (f)	dlaň (ž)	[dlanʲ]
hombro (m)	rameno (s)	[ramɛno]
pierna (f)	noha (ž)	[noha]
rodilla (f)	koleno (s)	[kolɛno]
talón (m)	pata (ž)	[pata]
espalda (f)	záda (s mn)	[za:da]

5. La ropa. Accesorios personales

ropa (f)	oblečení (s)	[oblɛtʃɛni:]
abrigo (m)	kabát (m)	[kaba:t]
abrigo (m) de piel	kožich (m)	[koʒɪx]
cazadora (f)	bunda (ž)	[bunda]
impermeable (m)	plášť (m)	[pla:ʃtʲ]
camisa (f)	košile (ž)	[koʃɪlɛ]
pantalones (m pl)	kalhoty (ž mn)	[kalhotɪ]
chaqueta (f), saco (m)	sako (s)	[sako]
traje (m)	pánský oblek (m)	[pa:nski: oblɛk]
vestido (m)	šaty (m mn)	[ʃatɪ]
falda (f)	sukně (ž)	[suknɛ]
camiseta (f) (T-shirt)	tričko (s)	[trɪtʃko]
bata (f) de baño	župan (m)	[ʒupan]
pijama (m)	pyžamo (s)	[piʒamo]
ropa (f) de trabajo	pracovní oděv (m)	[pratsovni: odɛf]
ropa (f) interior	spodní prádlo (s)	[spodni: pra:dlo]
calcetines (m pl)	ponožky (ž mn)	[ponoʃkɪ]
sostén (m)	podprsenka (ž)	[potprsɛŋka]
pantimedias (f pl)	punčochové kalhoty (ž mn)	[puntʃoxovɛ: kalgotɪ]
medias (f pl)	punčochy (ž mn)	[puntʃoxɪ]
traje (m) de baño	plavky (ž mn)	[plafkɪ]
gorro (m)	čepice (ž)	[tʃɛpɪtsɛ]
calzado (m)	obuv (ž)	[obuf]
botas (f pl) altas	holínky (ž mn)	[holi:ŋkɪ]
tacón (m)	podpatek (m)	[potpatɛk]
cordón (m)	tkanička (ž)	[tkanɪtʃka]

betún (m)	**krém** (m) **na boty**	[krɛːm na botɪ]
guantes (m pl)	**rukavice** (ž mn)	[rukavɪtsɛ]
manoplas (f pl)	**palčáky** (m mn)	[paltʃaːkɪ]
bufanda (f)	**šála** (ž)	[ʃaːla]
gafas (f pl)	**brýle** (ž mn)	[briːlɛ]
paraguas (m)	**deštník** (m)	[dɛʃtniːk]
corbata (f)	**kravata** (ž)	[kravata]
moquero (m)	**kapesník** (m)	[kapesniːk]
peine (m)	**hřeben** (m)	[hrʒɛbɛn]
cepillo (m) de pelo	**kartáč** (m) **na vlasy**	[kartaːtʃ na vlasɪ]
hebilla (f)	**spona** (ž)	[spona]
cinturón (m)	**pás** (m)	[paːs]
bolso (m)	**kabelka** (ž)	[kabɛlka]

6. La casa. El apartamento

apartamento (m)	**byt** (m)	[bɪt]
habitación (f)	**pokoj** (m)	[pokoj]
dormitorio (m)	**ložnice** (ž)	[loʒnɪtsɛ]
comedor (m)	**jídelna** (ž)	[jiːdɛlna]
salón (m)	**přijímací pokoj** (m)	[prʃɪjiːmatsi: pokoj]
despacho (m)	**pracovna** (ž)	[pratsovna]
antecámara (f)	**předsíň** (ž)	[prʃɛtsiːnj]
cuarto (m) de baño	**koupelna** (ž)	[koupɛlna]
servicio (m)	**záchod** (m)	[zaːxot]
aspirador (m), aspiradora (f)	**vysavač** (m)	[vɪsavatʃ]
fregona (f)	**mop** (m)	[mop]
trapo (m)	**hadr** (m)	[hadr]
escoba (f)	**koště** (s)	[koʃtɛ]
cogedor (m)	**lopatka** (ž) **na smetí**	[lopatka na smɛti:]
muebles (m pl)	**nábytek** (m)	[naːbɪtɛk]
mesa (f)	**stůl** (m)	[stuːl]
silla (f)	**židle** (ž)	[ʒɪdlɛ]
sillón (m)	**křeslo** (s)	[krʃɛslo]
espejo (m)	**zrcadlo** (s)	[zrtsadlo]
tapiz (m)	**koberec** (m)	[kobɛrɛts]
chimenea (f)	**krb** (m)	[krp]
cortinas (f pl)	**záclony** (ž mn)	[zaːtslonɪ]
lámpara (f) de mesa	**stolní lampa** (ž)	[stolni: lampa]
lámpara (f) de araña	**lustr** (m)	[lustr]
cocina (f)	**kuchyně** (ž)	[kuxɪnɛ]
cocina (f) de gas	**plynový sporák** (m)	[plɪnoviː sporaːk]
cocina (f) eléctrica	**elektrický sporák** (m)	[ɛlɛktrɪtskiː sporaːk]

horno (m) microondas	mikrovlnná pec (ž)	[mɪkrovlnna: pɛts]
frigorífico (m)	lednička (ž)	[lɛdnɪtʃka]
congelador (m)	mrazicí komora (ž)	[mrazɪtsi: komora]
lavavajillas (m)	myčka (ž) nádobí	[mɪtʃka na:dobi:]
grifo (m)	kohout (m)	[kohout]
picadora (f) de carne	mlýnek (m) na maso	[mli:nɛk na maso]
exprimidor (m)	odšťavňovač (m)	[otʃtʲavnʲovatʃ]
tostador (m)	opékač (m) topinek	[opɛ:katʃ topɪnɛk]
batidora (f)	mixér (m)	[mɪksɛ:r]
cafetera (f) (aparato de cocina)	kávovar (m)	[ka:vovar]
hervidor (m) de agua	čajník (m)	[tʃajni:k]
tetera (f)	čajová konvice (ž)	[tʃajova: konvɪtsɛ]
televisor (m)	televizor (m)	[tɛlɛvɪzor]
vídeo (m)	videomagnetofon (m)	[vɪdɛomagnɛtofon]
plancha (f)	žehlička (ž)	[ʒehlɪtʃka]
teléfono (m)	telefon (m)	[tɛlɛfon]